Wenn mein Herz traurig ist

Liebesgedichte

Von Frank Kralemann

Wenn mein Herz traurig ist

Liebesgedichte

Von Frank Kralemann

MIX
Papier aus verantwortungsvollen Quellen
Paper from responsible sources
FSC® C105338

Wenn mein Herz traurig ist

Von Frank Kralemann

Buchbeschreibung:

Liebesgedichte, die ich im Laufe der Zeit geschrieben habe, inspiriert von den Frauen in meinem Leben. Jede Frau hat etwas Göttliches, Eva. Die Polarität leben, den Unterschied. Ich bin gerne Mann , doch ohne die Liebe in meinen Leben und die Frauen, hätte ich diese Seite nicht leben können. Danke an alle Frauen die mein Leben reicher und sinnlicher gemacht haben.

Über den Autor:

Frank Kralemann hat schon viele Bücher geschrieben. Meist Ratgeber zu Lebensgestaltung/Lebenskunst. Er hat vier Kinder und lebt in der Nähe von Bielefeld.

Wenn mein Herz traurig ist

Liebesgedichte

von Frank Kralemann

1. Auflage, 2021

© 2021 Alle Rechte vorbehalten.

Herstellung und Verlag:

BoD - Books on Demand

Norderstedt

ISBN: 9783753499741

Wenn ich traurig bin,
spricht mein Herz zu mir
Ich soll dich fragen
Wann bist du wieder hier
Ob Du wohl bleibst
Über Nacht
Ist die Antwort ja
Freut es sich und lacht
Du bist meine Liebe
Die mein Herz glücklich macht

Immer wenn ich mit dir Sex habe

Spüre ich die Ewigkeit

Gott

Dein Schoß und deine Leidenschaft

Bringen mich ins Paradies

Wir sind im Garten Eden

Angekommen

Liebe ist einfach

Auch schwer

Einfach weil sie da ist

Ich fühle Sie, wenn ich dich denke

Schwer

Wenn du nicht da bist

Einfach, wenn ich weiß du kommst

Vorfreude

Schwer, wenn wir länger getrennt sind

Sehnsucht

Einfach, weil sie bei mir ist

Schwer zu erklären

Wie Strom

Energie, die man nicht sehen kann

Aber sehr real

Wenn du bei mir bist

Dicht

Ich Dich fühle

Eva

Die Göttin in dir

Ewig Weib

Dann kommt etwas hoch in mir

Was schon immer da war

Vor mir da und nach mir

Verlangen

Den Unterschied leben

Es ist fremd und vertraut

Eine Kraft

Stärker als der Tod

Guten Morgen
Weil du in meinem Leben bist
Habe ich nur noch Sonnentage
Voller Freude und Vorfreude
Deine Schönheit, wie Du bist
Das Gefühl von Vertrautheit
Wenn Du in meinen Armen bist
Verlangen und küssen
Komm zu mir
Tage ohne Dich sind Novembertage
Kalt und dunkel

Gewaltige Kräfte bewegen die Welt

Uhren zeigen die Zeiten

Liebe vereint Alles

Sie ist die Kraft

Die mein Herz schneller schlagen lässt

Sie lässt mich die Ewigkeit spüren

Wenn du mich küsst

Wie sehr kann man lieben

Wie stark ist die Liebe

Geht mehr, stärker

Gibt es eine Steigerung der Liebe

Liebe ist

Einfach

Alles was du dir wünschst

Wenn es Liebe ist

Ich bin allein, doch nicht einsam

Weil ich deine Liebe in mir trage

Sie ist das Licht

Das mein Herz zum leuchten bringt

Ein Schatz, der mich leitet

Bis ich dich wieder in den Armen halte

Sehnsucht nach Dir,

Deinen süßen Erdbeermund,

Der mit seinen leidenschaftlichen Küssen

Das Begehren weckt

Ein Versprechen auf Nähe und Verbindung

Die Liebe ist da

Sie wird sich dir offenbaren

Wenn du bereit bist

Nicht wenn du suchst

Liebe mag keine Bedürftigkeit

Liebe braucht Mut

Das Herz offen halten

Sei bereit, geh voran

Die Liebe wird dich berühren

Du musst Sie festhalten

Sonst geht Sie vorbei

Unerkannt und traurig

Wie nahe ist dicht

Ganz dicht

5cm

Ganz dicht ist die Vereinigung

Nicht nur der Körper

Sondern des Geistes

Verzahnt

Den anderen spüren

Vollenden was fehlt

Dann Eins sein

Da Sein für dich

Dir nah sein

Dich halten

Mehr nicht

Annehmen, angenommen werden

Loslassen

Eins werden in der

Liebe

Zwei Zuckerstückchen wollten sich lieben

Sind in ein Glas Wasser gestiegen

Jetzt sind sie eins

Süss

Das Ende der Sehnsucht

Ist das Ankommen

Empfangen werden

Innehalten

Den Ursprung der Sehnsucht

Die Polarität

In der Vereinigung leben

Da bist du, dicht

Ich fühle Dich, bevor ich Dich berühre

Ich erfasse dich mit allen Sinnen

Bin voll von Dir

Ich spüre die Erregung

Das Herz schneller

Das Dich wollen

Nehmen und genommen werden

 Kontroll Verlust

Es gibt nichts zu sagen

Lust braucht keine Worte

Küssen jetzt küssen

Die Zeit verschwindet

Das Denken, weg

Nur küssen

Dich

Halten

Versinken, verschmelzen

Weiter und weiter

Schneller, tiefer, härter

Mein Herz schlägt jetzt anders
weil Du darin bist
es erinnert mich an Dich
unsere Liebe

Geweckt vom Duft frischen Kaffees

Öffnen sich langsam meine Augen

Neben einer hübschen Frau aufzuwachen

Meiner Frau

Ist toll

Dann sie zu küssen

Wundervoll

Gott macht schöne Geschenke

Fragst du, was Liebe ist

So weiß ich es nicht

Wie Liebe schmeckt

Wie Sehnsucht brennt

Wie das Herz, schneller schlägt

Wenn du nahe bist

Dann kann ich dir sagen

Was Liebe ist

Liebe ist Alles

Ein Wort

Ein Satz kann alles sein, ein Versprechen,

Eine Drohung eine Information,

Eine Bitte

Es ist ein Wort

Liebe ist kein Wort sondern das höchste

Gefühl

Eine Welt erbaut von zwei Herzen

Die sich versprochen haben

Von nun an gemeinsam zu sein

Nicht nur in den guten Tagen

Für den anderen da zu sein

Bedingungslos

Sehnsucht

Eine Hand die eine Andere halten möchte

Ein Arm der im Dunkeln eine Schulter sucht

Nachts wach werden und nicht wissen warum

Fragen, die keine Antwort bekommen

Ein Herz, das langsam schlägt und doch

Tanzen möchte

Sehnsucht

Ein Wort, daß Viele ist

Mein Herz

Wie sich daß Meer

Im Sturm in der Brandung bricht

So ist meine Liebe zu dir

Stürmisch und stark

Das Meer kann auch leise sein

Es ist immer da

So ist meine Liebe zu dir

Ewig

Ich möchte daß Du das weißt

Immer

So wie ich meine Liebe zu dir

In meinem Herzen trage

Und einen Kuss auf den Lippen

Der auf Dich wartet

Alles ist Werden

Um im Sein zu vergehen

Werden und Vergehen

Alles fließt

Das Prinzip des Lebens

Daraus entsteht Hoffnung

Werden ist Leben

Solange Werden ist, wird Leben sein

Hört Werden auf gibt es auch kein Sein

Alles fließt

Ohne Bewegung

Tod

Ich brenne für dich

Erst bemerkte ich es nicht

Ausser der Hitze

Da war diese kleine Flamme

Herzgegend, Schwelbrand

Ich wusste, daß must Du sein

Sehnsucht, Liebe, Begehren

Alles

Dann stand ich in Flammen

Lichterloh

Unlöschbar

Das ist gut so

Ich will ewig brennen

Mit dir

Dieses kleine Blatt Papier

Das schenke ich dir

Darauf hab ich geschrieben

Ich werde dich immer lieben

Ob du es glaubst oder nicht

Ich liebe dich

Eine Rose muß erst reifen,

Dann öffnet sich die Blüte

Der Sonne zu

Jetzt zeigt Sie ihre Pracht.

Zugleich

bedeutet der Punkt höchster Schönheit

Ihren Abschied

Begehren, verzehren,sehnen

Haben wollen,nicht ohne dich leben können,

Verzaubernd, bezaubernd

Betörend, verführend

Ich versuche zu sagen,

Ich will dich

Du Schöne

In meinen Träumen spielst du die Hauptrolle

Liebe allein, geht nicht

Romeo hat julia

Dr Schiwago liebt Lara

Du Schöne

Mein Herz sehnt sich nach dir

Deine Schönheit ist Salbe für mein Auge

Dein Bild ist für immer in meinem Herzen

Du Schöne

Dir sag ich die drei Worte

Ich liebe dich

Ich liebe dich

3 kleine Worte

Doch dahinter steht

Ein Versprechen

Eine Hoffnung

Eine Zukunft

Eine Liebe

Ein Leben

Verschwende Dich,

Gib dich mir ganz

Halt Nichts zurück

Lass uns die Fülle leben

Dieser Moment gehört der Lust

Sich geben und nehmen

Einmal kommt die Dunkelheit

Bis dahin möchte ich mit dir im hellen Licht

sein

Fallen

Wer liebt muss sich fallen lassen

Springen in eine Tiefe deren Grund er nicht
sieht

Gemeinsam ,ich halte dich dicht bei mir

Wir werden gehalten

Die Liebe macht uns zu anderen Menschen

Die Liebenden

Wir fallen gemeinsam

Ich halte dich dicht bei mir

Du vertraust

Wir sprangen gemeinsam in die Tiefe

Loslassen alles

Die Liebe hat uns gehalten

Sie ist bedingungsloses Vertrauen

Als die Liebenden steigen wir wieder in die
Welt

Lieben heißt, sich selbst vergessend

Mit dir

Gemeinsam

In etwas größerem, Eins zu werden

Herbstliebe

Die Frühlings Liebe war die erste Liebe
Sie war aufregend, alles war neu, ,bunt, heiß,
manchmal schnell beendet
Mit der Sommerliebe bekamen wir die Kinder,
dann bauten wir ein Haus
Sie war produktiv
Doch einmal war sie aus
Die Herbstliebe ist leidenschaftlich
und erfüllend, wenn man sie gefunden hat,
Wertvoll weil so selten
Wir schätzen Sie und halten sie fest
Mit ihr wollen wir durch den Winter gehen bis
ans Ende der Zeit

Kleine Pflanze Liebe

Du bist bei mir eingezogen

Erst habe ich es nicht gemerkt

Dann sah ich die Unordnung

Mein Herz, daß vor Sehnsucht schmerzt

Mein Verstand der nicht mehr denken kann

Da wusste ich, Du bist da

Ich werde dein Freund sein

Damit du Groß wirst

Vernünftig bitte nicht

Du hast auch einen Namen

Sehnsucht

Dieses kleine Gefühl dass mich immer an dich

Denken lässt

Das die Tage, Stunden und Minuten zählt

Bis wir wieder vereint

Schön, diese Sehnsucht, denn sie bringt mich

Dir nahe, immer

Zufrieden sein

Zuhause sein

Zusammen sein

Eins sein

Sein

Ich liebe die sanften Erhebungen
Die deinen Körper so anziehend machen
Zeichen der Polarität
Ohne Täler keine Hügel
Weiß nicht, was ich jetzt mehr liebe
Täler oder Hügel
Ich wähle Eva

Liebe ist Vereinigung

Liebe ist Hoffnung

Liebe ist Verschwendung

Liebe ist Verbindung

Zum Leben, zur Welt, zu Dir

Zu lieben bedeutet

Radikal zum Leben ja sagen

Mit Allem was ist

Du streifst über leere Felder

Spielst dann wieder mit den Wolken

Dann besuchst du uns

Wir sitzen im Schatten und trinken süßen Wein

Lachen und küssen

Du streichelst mit einem warmen Hauch über

Unsere nackte Haut

Danke

Schön dass es dich gibt

Sommerwind

Keine Rose gleicht der anderen

Und doch ist jede perfekt

Schönheit ist einzig

Wie auch Du

Rose meines Herzens

Wunderschön und einzigartig

Eine Göttin

Ich habe nur ein Wort

Gern hätte ich mehr für dich

Worte um die Gefühle zu orten

Die in meiner Brust und Herz

Doch ich habe Sie nicht

Vielleicht gibt es eine Sprache

Die mehr Dir sagen tut

Als dieses eine Wort

Liebe

Ich weiß es nicht

Aber ich weiß

Du verstehst die Welt

Die dieses kleine Wort in sich trägt

Wer bin ich, wenn ich liebe

Bin ich die Sehnsucht

Bin ich die Lust

Bin ich das Verzehren

Bin ich das Begehren

Ich bin die Liebe

Wenn ich Liebe

Liebe ist Wahrheit

Wenn es Liebe ist

Liebe ist nicht Sex

Liebe ist Sehnsucht nach der Verheißung

Der Auflösung der Begrenzung

Des Selbst in uns

Du bist die Frau mit der ich alt

Werden möchte

Wenn ich alt bin

Vorher möchte ich tanzen und spielen

Das Leben ein Fest

Lass uns gemeinsam eine Geschichte beginnen

Voll mit Liebe, Nähe und Zärtlichkeit

Sie soll enden wie alle Geschichten

Wenn Sie nicht gestorben sind

Ich mag das Fallen

Richtig Tief

Ich mag schnell fahren

Ohne Ziel

Ich mag spielen

Nur so

Ich liebe Dich

Darum

Das Herz ist schon

Der Verstand besteht aus Worten

Damit schafft er eine Welt

Das Herz hat keine Worte

Es ist eine Welt

Eine Welt der Liebe

Zweifel weniger und liebe mehr

Dann schau auf dein Herz

Es zeigt dir Die Liebe und auch den Schmerz

Alles was ich begehre und alles was ich will bist
 Du

Meine Lust, meine Liebe bist Du

Deine Hand halten und für immer festhalten

Das wäre meine Sehnsucht

Manchmal denke ich, ist die Liebe das Ziel

Liebe ist ein Gefühl

Dann denke ich, nein Liebe ist der Hinweis auf
das Bedürfnis

Auf die Sehnsucht meines Herzens und meiner
Seele

Und dann weiß ich, was dieses wunderbare
Gefühl mir sagen will

Das Ziel meiner Liebe bist Du

Liebe beginnt klein

Sie macht Tippelschritte

Sie hat Angst

Aber Sie muss sich offenbaren

Um sich zu vollenden

Manchmal beginnt die Liebe groß

Es gibt keinen Zweifel

Sie ist einfach da

Vollkommen wenn sie erwidert wird

Du kannst Dich fallen lassen

Ich halte Dich

Du kannst unsicher sein

Ich bin mir sicher

Du kannst traurig sein

Ich tröste Dich

Du kannst weinen

Ich wische deine ´Tränen weg

Du kannst nicht alleine sein

Ich werde immer bei dir sein

Du willst meinen Namen wissen

Es gibt ein Wort für alles was ich bin

Liebe

Liebe entsteht immer wieder im Jetzt

Die Kunst ist sie immer wieder zu
Entzünden

Ja, immer wieder ja

Das sind die Worte

Die die Liebe begründen

Ja immer wieder Ja

Das sind die Worte

Die die Liebe erhalten

Tiefer und tiefer bist du in meiner Seele

Besetzt mein Herz

Mit süßem Versprechen

Und den Bildern von dir in meinem Kopf

Sitze ich jetzt hier in meinem Sein

Und warte

Verschwendung

Welche Wonnen können wir gemeinsam leben

Was kann ich dir sein

Ich muss die Struktur die mein Leben hält so ändern

Das Du in ihr bist

Weil ich sonst kein Leben habe

Du bist in meinem Herzen

So tief

Das Denken an Dich lässt meine Seele nicht
Ruhen

Immer komme ich in Allem auf Dich zurück

Was kann diese Liebe stillen

Ich glaube nur wiedergeliebt werden

Alles andere ist Unglück

Herzschmerz

Weltschmerz

Tief fallen

Hochsteigen

Das kann ich mit Dir

Liebe ist die direkte Verbindung

Zwischen zwei Herzen

Und die Stabilste

Wenn ich Dich mir denke

Den Glanz deiner Schönheit

Dein Lächeln und die Grübchen

Die dabei in deinem Gesicht entstehen

Dann atme ich die Liebe

Wenn ich Dir nahe bin

Die Nähe und Vertrautheit deines Körpers spüre

Weiß Dich als Erfüllung meines Seins

Dann bin ich die Liebe, und sie brennt

Dabei ist die Erfüllung meiner Liebe nicht in der
Wärme deines Schoßes, sondern im Ja des
Herzen

Ich warte das die Mauer der Zeit

Die unsere Körper und Seelen trennt

Zur Gegenwart wird und zerbricht

Ich hoffe, du verzeihst mir diese vielen Worte
der Liebe

Ich weiß das sie unerfüllt bleiben wird

Aber immer hoffen kann

Das macht Sie so wertvoll

Die Worte erschaffen eine Welt

Das Herz ist schon

Während ich auf Dich warte

Sprechen die Worte

Sie flüstern, Sie kommt nicht

Es wird nicht funktionieren

Du kommst und lachst mich an

Mein Herz weiß die Wahrheit

Es kann nicht fragen

Es kann nur fühlen

Immer nur Du

Du hast etwas in mir angerührt

Es war schon lange dort

Verborgen

Du hast es erweckt

Erst war es wackelig

Konnte und wollte nicht glauben

Dann ist es gewachsen

Und wurde sich sicher

Und gibt jetzt Dir die Sicherheit

Wenn Du nicht weißt ob Du dir selber trauen
kannst

Folgen wir dem Licht der Liebe

Ihr Strahlen ist so hell und warm

Wenn ich mir überlege

Was ich mir am meisten wünschen würde mit
Dir

Und ich das mögliche fühlbar mache

Dann ist klar

Nah sein

Vereinigung ja immer ja

Immer und in Allem

Mich um Dich sorgen

Mit Dir lachen und weinen

All die kleinen Gesten des Alltags

Küssen -nur so

Deine Hand halten

Das wünsche ich mir für immer

Lass uns der Liebe leben geben

Sehnsucht zeigt auf das was fehlt

Das bist Du

Leidenschaft unerfüllt ist Schmerz

Lindern kannst Du

Liebe brennt, reift und vollendet sich im Du

Du fehlst mir sehr

Liebe ist nicht nur ein Wort

Sondern ein tiefes Gefühl von

Verbindung, Vertrauen, Verlangen und dem
Wunsch nach Nähe

Liebe möchte Ewigkeit

Und entsteht doch immer wieder neu aus der
Sehnsucht heraus

Du bist die Königin meines Herzens

Deine wunderschönen Augen

Sie sprechen ohne Worte

Instrumente der Seele

Die Welt zu schauen

Instrumente der Leidenschaft

Um mich um den Verstand zu bringen

Die Liebe und die Leidenschaft sind
Geschwister

Sie können nicht ohne den anderen

Allein sind sie ohne Energie

Erst im Zusammentreffen

Spürt man den Zauber der Liebe

Und den süßen Schmerz

Der Lust

Du wundervolle Frau

Du inspirierst mich

Deine subtile Erotik und das Versprechen, das
dahinter steht

Ist eine Quelle der Leidenschaft und der
Sehnsucht

Möchte jetzt deine Nähe haben

Alles ist anders

Die Tage gehen zur Neige

Die Welt verändert sich

Die Liebe bleibt, wie Sie ist